RAPPORT

PRÉSENTÉ

A LA SOCIÉTÉ D'ÉDUCATION DE LYON

Par une Commission désignée par elle et composée de

M. LE Dr DESGRANGES

Ex-chirurgien en chef de l'Hôtel-Dieu de Lyon

MM. LES Drs FONTERET ET PASSOT

Membres de la Société impériale de Médecine de Lyon

SUR LA

MÉTHODE EMPLOYÉE POUR LA CURE DU BÉGAIEMENT

ET DE

TOUS LES AUTRES VICES DE PRONONCIATION

PAR M. CHERVIN AINÉ

Instituteur communal à Lyon, Officier d'Académie.

———

LYON

IMPRIMERIE D'AIMÉ VINGTRINIER

Rue de la Belle-Cordière, 14.

—

1864

Avant de vous rendre compte des guérisons obtenues par M. Chervin, et que votre Commission a pu rigoureusement constater, permettez à votre rapporteur de vous exposer quelques considérations générales sur le vice de prononciation connu sous le nom de bégayement, dérivé du latin barbare *bigare*, répéter.

La formation et l'articulation des sons qui constituent le langage humain, se produisent par l'action combinée d'appareils nombreux et compliqués. Le son se forme plus particulièrement dans la gorge, mais il s'articule dans les cavités de la bouche et du nez. Les parois de la poitrine, les bronches et la trachée-artère agissent comme le soufflet d'un orgue ; le larynx représente le jeux de tuyaux d'où sort la diversité des sons, et les parties mobiles, telles que le voile du palais, la langue et les lèvres, modifient les sons déjà obtenus pour en tirer les voyelles et les consonnes, et par suite les syllabes. L'appareil producteur de la parole est donc lié et comme surajouté à l'appareil de la respiration.

La fonction de respiration est, jusqu'à un certain point, soumise à l'empire de la volonté qui peut la ralentir ou la précipiter dans de certaines limites. « Pour la conversation aussi bien que pour le chant, il faut qu'une impulsion venue de la volonté ou de l'habitude mette en jeu les divers muscles disposés le long de l'appareil où passe l'air expiré, afin que chacun d'eux entre en mouvement, suivant son temps et son ordre, comme font les touches d'un piano sous les doigts qui les frappent. » (F. François.)

Ainsi donc : 1° contraction libre et réglée des muscles volontaires ; 2° accomplissement facile de la respiration, telles sont les conditions nécessaires, indispensables à la prononciation d'une phrase suivie. Quand au moment de parler l'air expiré vient à manquer, les muscles phonateurs agissent comme à vide et ne produisent aucun son ; s'il

arrive que, la respiration continuant, les forces muscu-
laires soient troublées, il est évident qu'il ne peut se faire
entendre alors que des sons inarticulés et sans suite. Nous
vous devions, Messieurs, ces explications pour vous faire
comprendre à quoi tient le bégayement.

M. Colombat, qui a fait de cette infirmité une étude particulière et qui le premier a donné à la régularité de la
respiration toute l'importance qu'elle mérite, définit le
bégayement « un vice de la parole qui consiste à répéter,
par saccades et secousses convulsives, certaines lettres ou
syllabes qui dans quelques circonstances sont articulées
sans hésitation. » Il admet deux espèces principales de bégayement : la première, qui paraît avoir quelque anologie
avec la *danse de Saint-Guy* ou *chorée*, a reçu le nom de
labio-choréique ; elle consiste dans une agitation convulsive
des lèvres et dans les mouvements désordonnés de la langue
et de la mâchoire inférieure qui produisent une répétition
désagréable des consonnes initiales *bbb, ttt, ddd, qqq ;* la
seconde espèce, appelée *gutturo-tétanique,* est caractérisée
par la raideur involontaire de tous les muscles de la respiration, ce qui amène un temps d'arrêt dans l'articulation des
voyelles. Alors la langue devient immobile, les muscles du
larynx et du pharynx se contractent et la glotte se resserre
jusqu'à la suffocation.

M. Malbouche a voulu, suivant les mauvaises positions
où la langue se tient et la difficulté qu'elle éprouve de re-
venir à la situation naturelle, établir trois formes principales de bégayement, sous les noms de bégayement *de haut,
d'avant* et *d'arrière.* Ce dernier est sans contredit le plus
fréquent de tous et il tient à la difficulté des mouvements
de la langue en arrière. Les difficultés, dit M. Magendie,
se font particulièrement sentir pour les lettres qui exigent
la rétraction, telle que *b, d, f, g, p, t, s.* Mais le *k,* le *p* et
le *t* étant les lettres qui exigent la rétraction de la langue
la plus prononcée, sont aussi celles qui sont les plus réfractaires.

Les distinctions établies par M. Colombat sont plus fa-
ciles à saisir et sont fondées sur une observation plus exacte
des phénomènes de la maladie.

M. Deleau, enfin, appelle *lingual* ou *loquax* le bégayement
produit par les mouvements désordonnés de la langue,
labial ou *difforme* celui qui est caractérisé surtout par les
contractions de la face et de la bouche, *douloureux* ou *muet*

celui où il y a impossibilité de proférer aucun son, et suffocation dès que le bègue veut parler.

Il est certain qu'il existe beaucoup moins de bègues parmi les femmes que chez les hommes ; il est très-difficile d'en donner la raison physiologique, libre à chacun d'en chercher la cause morale.

On a fait une longue liste des vices de conformation qui peuvent amener le bégayement, mais la vérité est que tous les défauts organiques qui peuvent contribuer au vice de l'articulation ou l'augmenter, n'en sont pas la cause efficace et déterminante.

Il faut, pour trouver cette cause, remonter jusqu'au système nerveux, point de départ de l'influence qui détermine la mobilité musculaire. Le trouble de la fonction nerveuse rompt la succession harmonique entre la cause et le résultat. « La crainte, la timidité ou l'impatience produisent sur les organes phonateurs du bègue le même effet que l'excès de boisson sur les jambes d'un ivrogne. La vérité de ce principe est d'ailleurs confirmée par les méthodes de traitement, qui, pour être efficaces, s'appliquent moins à corriger un vice de conformation (qui le plus souvent n'existe pas), qu'à remettre l'harmonie entre des fonctions en désaccord. » (François.)

Ordinairement le bégayement commence à se montrer vers la cinquième année, il augmente jusqu'à la puberté, reste stationnaire pendant la jeunesse, diminue dans l'âge mûr et disparaît dans la vieillesse.

Cette infirmité réagit de la manière la plus fâcheuse, non-seulement sur l'esprit et le caractère, mais même quelquefois sur la santé. Quand elle est portée à un degré considérable, elle exempte du service militaire ; l'Etat a donc intérêt à encourager les efforts de ceux qui, comme M. Chervin, se dévouent au traitement des bègues.

M. Colombat a trouvé, d'après des calculs approximatifs, que 12 millions d'hommes offriraient 4,800 bègues, soit un bègue pour 2,500.

On sait que très-fréquemment les bègues n'éprouvent aucune difficulté soit à chanter, soit à déclamer : tel bégaye horriblement dans la conversation qui articule parfaitement toutes les fois qu'il prend un ton solennel. Cette règle cependant n'est pas absolue ; il y a des bègues qui le sont même lorsqu'ils chantent.

Après l'exposition de ces principes généraux, nous arrivons aux travaux de M. Chervin qui sont le but principal du rapport de votre Commission.

Voici comment notre cher collègue a été porté à s'occuper de la guérison des bègues :

En 1844, il débutait dans la carrière de l'enseignement primaire, à Albigny, près de Neuville-sur-Saône ; il avait un jeune enfant bègue dans son école, et, pour membre du Comité d'enseignement, le docteur Duplat qui apportait dans ses fonctions autant de dévoûment que de bienveillance. Le petit bègue fixa l'attention du docteur, et l'instituteur reçut bientôt communication de tout ce qui avait été publié sur la guérison du bégayement par l'exercice du langage. Sur ces entrefaites, M. Chervin fut nommé instituteur communal à Lyon ; mais l'essai tenté à Albigny devait se renouveler dans notre ville et recevoir les approbations les plus honorables. M. Girodon, professeur à la Faculté de théologie de Lyon, écrivait le 30 juillet 1851 :

« A l'honneur des moyens employés par M. Chervin pour la guérison des bègues, j'atteste que M***, l'un de mes anciens élèves, a été parfaitement corrigé de ce vilain défaut dans l'espace d'une quinzaine de jours. L'habitude était fort invétérée, visible jusqu'au ridicule ; elle a cédé complètement aux moyens employés ; elle a disparu tout-à-fait, je l'affirme hautement parce que j'en ai été le témoin. »

Le docteur Amédée Bonnet, ex-chirurgien en chef de l'Hôtel-Dieu de Lyon, écrivait le 20 janvier 1853 :

« Je soussigné, professeur à l'Ecole de médecine de Lyon, certifie avoir adressé deux bègues à M. Chervin ; ces bègues âgés l'un de 12 ans, l'autre de 25, ont été complétement guéris en dix jours de traitement. »

Depuis cette époque, M. Chervin s'est constamment occupé de la guérison du bégayement, du balbutiement, de la blésité, du grasseyement et de tous les autres vices de prononciation. Il s'est enrichi d'observations nouvelles et depuis 1857, époque à laquelle il fut envoyé à Paris par M. le Sénateur, pour étudier le nouvel enseignement des sourds-muets et le professer à l'Ecole normale primaire, il a pu appliquer à sa méthode certains procédés employés pour commander aux sourds-muets l'émission des sons et des articulations.

Enfin, sur la proposition de M. Guyénot, vous avez

nommé une Commission, pour vous faire connaître les résultats obtenus par M. Chervin.

Cette Commission composée de MM. les docteurs Desgranges, ex-chirurgien en chef de l'Hôtel-Dieu, Fonteret et Passot, membres de la Société impériale de Médecine, s'est réunie les 21 et 25 août, 1er et 29 septembre, enfin le 13 octobre.

Cinq élèves lui ont été présentés et elle a pu les observer *avant*, *pendant* et *après* le traitement.

Voici le nom et l'adresse de ces élèves, ainsi que les notes relatives à chacun d'eux :

ÉLÈVE N° 1 (*), 13 ANS.

Bègue de naissance.

Bégayement très-accentué dans la conversation, dans la lecture et dans la récitation ; répétition prolongée avec aspiration de la syllabe commençant par n'importe quelle consonne ; suffocation ; légers mouvements de contraction dans la figure, efforts excessifs au commencement des phrases.

ÉLÈVE N° 2, 12 ANS.

Bègue depuis l'âge de 5 ans, par suite de la rencontre d'une femme couchée dans une allée.

Bégayement très-fort dans la conversation, moindre dans la lecture, faible dans la récitation.

Bégayement où le son est suspendu avec expiration ; répétition prolongée du son.

ÉLÈVE N° 3, 14 ANS 1/2.

Bègue depuis l'âge de six ans, par suite d'une chute dans une cave.

Bégayement très-prononcé, surtout dans la lecture et dans la récitation.

Bégayement muet ou en dedans ; silence prolongé, tantôt

(*) Nous rappelons ici par ordre les élèves nommés dans le rapport.

avant le mot, tantôt dans le corps du mot ; reprise du mot qui ressemble au hoquet avec soubresaut dans tout le corps.

ÉLÈVE N° 4, 14 ANS.

Bègue depuis trois ans.

La mère a bégayé, ainsi qu'un jeune frère ; leur bégayement a disparu.

Le bégayement de l'élève n° 4 existe dans la lecture, mais surtout dans la conversation avec les étrangers. Les lettres p et q offrent de très-grandes difficultés ; efforts sur les consonnes ; suffocation ; mouvements dans la figure.

ÉLÈVE N° 5, 8 ANS 1/2.

Enfant très-arriéré physiquement et intellectuellement, mais dont la raison semble prendre un heureux essor sous l'influence des leçons du frère aîné.

Il a marché et parlé fort tard ; il est resté en nourrice jusqu'à huit ans, de sorte qu'il ne sait pas encore lire et n'a pas de tournures de phrases à sa disposition.

Bégayement de naissance très-prononcé, inspiration prolongée et saccadée ; bêlement sur les voyelles, mouvement spasmodique particulièrement sur le p et le q ; espèce de cri sauvage devant une grande difficulté.

Le père de cet enfant bégaye et a été opéré sans succès ; deux frères bégayent aussi.

Les cinq sujets dont il vient d'être question ont été *complè.ement guéris* dans l'espace de dix à quinze jours. Au bout de quatre jours l'amélioration était déjà très-remarquable, et cependant les vices de prononciation étaient aussi variés que prononcés. L'élève n° 5 était évidemment affecté d'un bégayement héréditaire indépendant de toute espèce d'imitation : la preuve, c'est qu'il est resté en nourrice jusqu'à huit ans. L'élève n° 4, qui veut entrer à l'École navale, était obligé d'y renoncer s'il n'eût eu recours aux exercices de gymnastique linguale professés par M. Chervin.

La méthode de M. Chervin repousse, en général, les moyens mécaniques ; il n'aime pas l'emploi des entraves dans le traitement des vices de la parole. « Les entraves ne mettent point à l'aise, dit-il avec raison, et le bègue a besoin de s'y mettre pour laisser à ses organes dont le bégayement accuse la gêne, tout le développement dont ils sont suceptibles. » Il n'a recours ni au *bride-langue* de M. Colombat, ni à la *fourchette* de M. Itard, ni à la *gesticulation* de M. Serre, ni au *cintre* de M. Hervez de Chégoin, ni aux *boules de caoutchouc* de M. Morin. Cependant pour faire porter la pointe de la langue en haut il appliquera volontiers un pain à cacheter sous la voûte palatine, et si les dents sont crochetées, il fera tenir à la bouche un morceau de bois.

Pour opérer la guérison d'un bègue, M. Chervin ne raisonne pas avec lui son infirmité ; il va droit au but en le forçant, sans qu'il s'en doute, à se corriger. Après quelques exercices de gymnastique linguale variant suivant la forme du bégayement, après quelques eonversations qu'il a eues avec son élève, celui-ci est tout étonné de voir qu'il prononce bien : c'est une habitude qu'il a prise de bien articuler en *imitant*. Désormais il ne sera plus l'objet du ridicule et des moqueries, et il pourra, grâce au service rendu, embrasser la carrière qui convient à ses goûts.

Nous croyons, Messieurs, que jamais sympathies ne furent plus légitimes, et qu'une mission si intéressante est bien digne d'encouragements. Aussi votre Commission vous demande-t-elle avec confiance pour les travaux de M. Chervin un témoignage de votre approbation.

M. Chervin, instituteur muni du brevet supérieur, a déjà reçu de Son Excellence M. le Ministre de l'instruction publique, pour ses travaux pédagogiques, une mention honorable en 1850, une médaille de bronze en 1857 (1), et de la Société d'assistance générale des sourds-muets placées sous le patronage de S. M. l'Impératrice, une médaille d'argent en 1861, une médaille d'or en 1863. La Société d'Education, si dévouée aux intérêts de l'enfance, ne doit-elle pas, elle aussi, récompenser M. Chervin du zèle qu'il apporte à relever et à perfectionner l'éducation du langage, d'autant plus que la plupart de ses élèves bègues sont complètement à sa charge. Sur les cinq élèves qui nous ont été présentés quatre ont été traités gratuitement ; et cependant il ne s'agit point d'une leçon ordinaire qui laisse quelque

---

(1) Depuis la rédaction de ces lignes, M. Chervin a été nommé *officier d'académie*.

répit, mais d'une leçon des plus pénibles à donner, qui demande la patience et l'attention les plus soutenues, et l'exercice continuel de la parole.

Nous ne pouvons pas, Messieurs, vous faire connaître à fond tous les procédés employés par M. Chervin. Ces procédés varient suivant les cas et constituent pour le professeur une pratique spéciale, une quasi-propriété. Nous pouvons cependant dire qu'ils consistent dans la gymnastique de la langue, des lèvres, de la respiration, de l'ouïe. Il attache aussi la plus grande importance au rhythme. Ces moyens sont déjà connus et employés, tout le secret est dans l'application.

L'*inspiration* faite à propos dissipe la contraction spasmodique de la glotte et remplit la poitrine d'une quantité d'air suffisante pour fournir à une longue *expiration ;* l'élévation de la pointe de la langue contre le palais (méthode de madame Leigh), favorise l'ouverture du larynx et le relâchement des cordes vocales de manière à laisser un libre passage à l'air ; enfin l'écartement des commissures des lèvres donnent à celles-ci un point d'appui qui prévient leurs mouvements convulsifs : les conditions d'une articulation nette et facile se trouvent donc aussi remplies. Quant au *rhythme*, son action est de modérer l'influx nerveux en exigeant de la part de l'élève une attention continuelle.

Si une difficulté particulière se présente sur une lettre, M. Chervin apprend à la vaincre, non avec des explications physiologiques toujours vagues et difficiles à saisir, mais par des démonstrations matérielles. Soit par exemple la lettre *p*, ou toute autre lettre explosive, il approche de ses lèvres une bougie allumée ou plus simplement une feuille de papier ; il prononce *p*, et la flamme vacille aussitôt. L'élève essaye de produire le même effet, y réussit bientôt, et le but est atteint. Mais pour que le résultat soit plus complet et plus durable, l'élève répète sur tous les tons et dans toutes les mesures d'abord : *pa, pe, pi, po, pu*, puis quelques phrases sacramentelles comme celles-ci : *Pauvre plaideur, prends patience à la porte de Pierre Ponce, premier président de Paris et de Poitiers, — Petit Pierre passant à Paris, prit un petit pain pour son pauvre père*. La phrase est toujours adaptée à la difficulté. Exemples : *La bombe et le boulet qui tombaient sur les boulevards, bouleversaient les bambins qui badinaient près des rabbins. — Quatre coquins convaincus d'avoir caché dans leur capuchon quatre coqs et quatre canards, furent condamnés au carcan dans le camp de Carcassonne. — Combien ces cinq saucissons-ci et ces six saucissons-là ? — Je gage que le page fait tapage. — Ton thé t'a-t-il ôté ta toux?* Et autres phrases de ce genre abandonnées au domaine public et où la littérature n'a rien à faire.

Vous conviendrez, Messieurs, que ces phrases pittores-ques et bizarres sont bien propres à délier et assouplir la langue du malheureux qui est obligé de les prononcer et de les répéter à outrance.

Voici une anecdote qui prouvera combien le bègue se doute peu de l'exercice qu'il fait: Un chapelier de Saint-Etienne, âgé de 25 ans, refusait de payer ses leçons, attribuant sa guérison au hasard. M. Chervin en appela au savant docteur Bonnet qui lui avait procuré cet élève. « Que M. Chervin me montre sa méthode, dit le chapelier, et je le payerai, lors même que je suis guéri. Mais il ne m'a fait lire que quelques pages du Télémaque, et on ne peut pas appeler cela une méthode. Mon bégayement est venu seul, il s'en est allé de même : donc je ne dois rien. »

Une autre fois, un cultivateur de Vieux-d'Isenave (Ain), âgé de 23 ans et qui ne savait pas lire, suivait les leçons de M. Chervin. Un jour que les sujets de conversation étaient rares et qu'ils s'épuisaient par trop rapidement, M. Chervin lui fit réciter ses prières (on pourrait dire lui apprit ses prières) comme exercice de langage. Pour l'obliger à desserrer les dents qu'il crochetait d'une façon comique, le professeur lui fit tenir un morceau de bois, espèce de dé à jouer, à la bouche pendant la leçon. Quelques jours après, notre homme était guéri, mais il ne voulut encore payer qu'à la condition d'emporter le petit morceau de bois *bénit* par les prières, et auquel il attribuait sa guérison miraculeuse. Inutile d'ajouter que plus on croyait devoir lui montrer le ridicule de cette opinion, plus il persistait à voir un sorcier dans notre collègue.

Un fait que nous rapporte M. Chervin démontre que, quoique sa méthode soit très-facile à expliquer, il y a cependant quelques mesures à suivre. En 1856, un enfant âgé de 13 ans, domicilié à Beynost (Ain), avait été guéri de son bégayement. Vite, à son retour, la personne chargée de son instruction s'empressa de lui demander le traitement qu'il avait suivi. L'enfant répondit naïvement qu'on ne lui avait point fait suivre de traitement, qu'on l'avait seulement fait lire et parler, en lui recommandant de bien ouvrir la bouche, de bien *remuer* les lèvres, et de prendre sa respiration à son aise. Le précepteur de l'air le plus satisfait du monde s'écria : « Mais c'est justement ce que je vous recommandait tous les jours ; si vous m'aviez écouté, vous auriez été guéri plus tôt. Mais, ajouta-t-il en s'adressant au père, soyez tranquille, je connais depuis longtemps cette méthode, j'exercerai votre fils à la respiration. L'imprudent tint trop bien parole, il fit respirer tant et si fort son élève, qu'il lui donna un bégayement beaucoup plus difficile à corriger que le premier.

Il importe de faire remarquer que chez les enfants les organes de la phonation étant plus faibles et plus flexibles, et la mauvaise habitude étant moins ancienne, tous les vices de prononciation cèdent bien plus facilement que chez les adultes, à ce point qu'on peut assurer que la guérison est la règle. De plus, suivant M. Chervin, leur abandon, leur docilité et leur défaut de raisonnement favorisent encore l'éducation du langage. Ces avantages ne se rencontrent pas chez l'adulte, où la défiance, fille de la déception, entretient une sorte d'opposition latente. Il faudrait ici une séquestration de plusieurs semaines, voire même de plusieurs mois, et une grande force de volonté pour compenser la souplesse des organes.

Donc le plus souvent tous les vices de prononciation peuvent être prévus ou arrêtés à leur naissance. Cette vérité qui n'a jamais rencontré de contradicteurs, et la nature de vos travaux nous font un devoir de citer les lignes suivantes ; elles sont à un haut degré empreintes de sens et de raison. « La meilleure méthode, dit le docteur Voisin, pour apprendre à parler aux enfants est de n'employer jamais devant eux d'expressions vagues ou impropres, de ne jamais altérer la prononciation des mots sous le prétexte de la leur rendre plus facile. Afin qu'ils sachent toujours ce qu'ils disent en parlant, il faut qu'ils attachent des idées claires et précises aux mots dont ils se servent, et, pour obtenir ce résultat, on doit se borner à leur apprendre à connaître d'abord un petit nombre d'objets sensibles dont les qualités soient facilement appréciables. »

J.-J. Rousseau a tracé sur l'éducation du langage des préceptes importants qu'on peut consulter, mais qu'il serait trop long de transcrire ici.

La méthode de M. Chervin consistant principalement à faire ouvrir la bouche, desserrer les dents, porter la langue en avant, parler lentement, respirer à propos, mouvoir les lèvres, soutenir la voix, nuancer le ton, rhythmer la phrase, etc., nous n'hésitons pas à dire qu'elle pourrait être appliquée par toutes les personnes qui s'occupent de l'éducation de la jeunesse ; que dès lors, le bégayement disparaîtrait sinon totalement (M. Chervin avoue qu'il y a des cas réfractaires), du moins en grande partie. Cette opinion, l'auteur la partage avec nous et il serait heureux de la seconder de tout son pouvoir.

Votre Commission par l'organe de son rapporteur a l'honneur de vous proposer :

1° *De voter à M. Chervin aîné des remerciments et des félicitations pour les services, très-souvent gratuits, qu'il rend en sa qualité d'éducateur du langage ;*

2° *De donner à sa méthode curative du bégayement votre haute approbation en exprimant le vœu que son auteur puisse la professer dans un cours normal ;*

3° *Enfin d'envoyer le présent rapport à M. le recteur de l'Académie de Lyon.*

La Société d'Education a adopté à *l'unanimité* ces conclusions dans sa séance du 12 novembre 1863.

Le Rapporteur,

Dʳ Ph. PASSOT.

Les membres de la Commission,

Dʳ FONTERET,   Dʳ DESGRANGES.

Certifié conforme :

Le Président,

Louis GUILLARD.

L'envoi de ce Rapport à M. le Recteur de l'Académie a été suivi de la bienveillante réponse que voici :

UNIVERSITÉ DE FRANCE

ACADÉMIE DE LYON

Lyon, le 11 janvier 1864.

MONSIEUR LE PRÉSIDENT,

J'ai l'honneur de vous remercier de l'envoi que vous avez bien voulu me faire, au nom de la Société d'Education de Lyon, du rapport présenté à cette Société par MM. les docteurs Desgranges, Fonteret et Passot, sur la méthode employée pour la cure du bégayement par M. Chervin aîné.

Il ne m'appartient pas de recommander officiellement cette méthode. Cependant en raison des bons résultats qu'elle a produits, et en vue du bien qu'elle peut être appelée à opérer, je suis tout disposé à lui donner le patronage d'un avis favorable, toutes les fois que je serai consulté ; et je serai heureux en même temps de témoigner à M. Chervin toute l'estime que m'inspirent ses efforts pour l'éducation des enfants à laquelle il se montre si dévoué.

Agréez, Monsieur le président, l'assurance de ma considération la plus distinguée.

Le Recteur

DE LA SAUSSAYE.

A Monsieur le Président de la Société d'Education.

Pour copie conforme :

L. GUILLARD, Président.

Lyon. — Typographie d'Aimé VINGTRINIER, rue de la Belle-Cordière, 14.

www.ingramcontent.com/pod-product-compliance
Lightning Source LLC
LaVergne TN
LVHW010256030726
842520LV00007B/2966